8.
JUNI

Das ist dein Tag

Dein Stammbaum

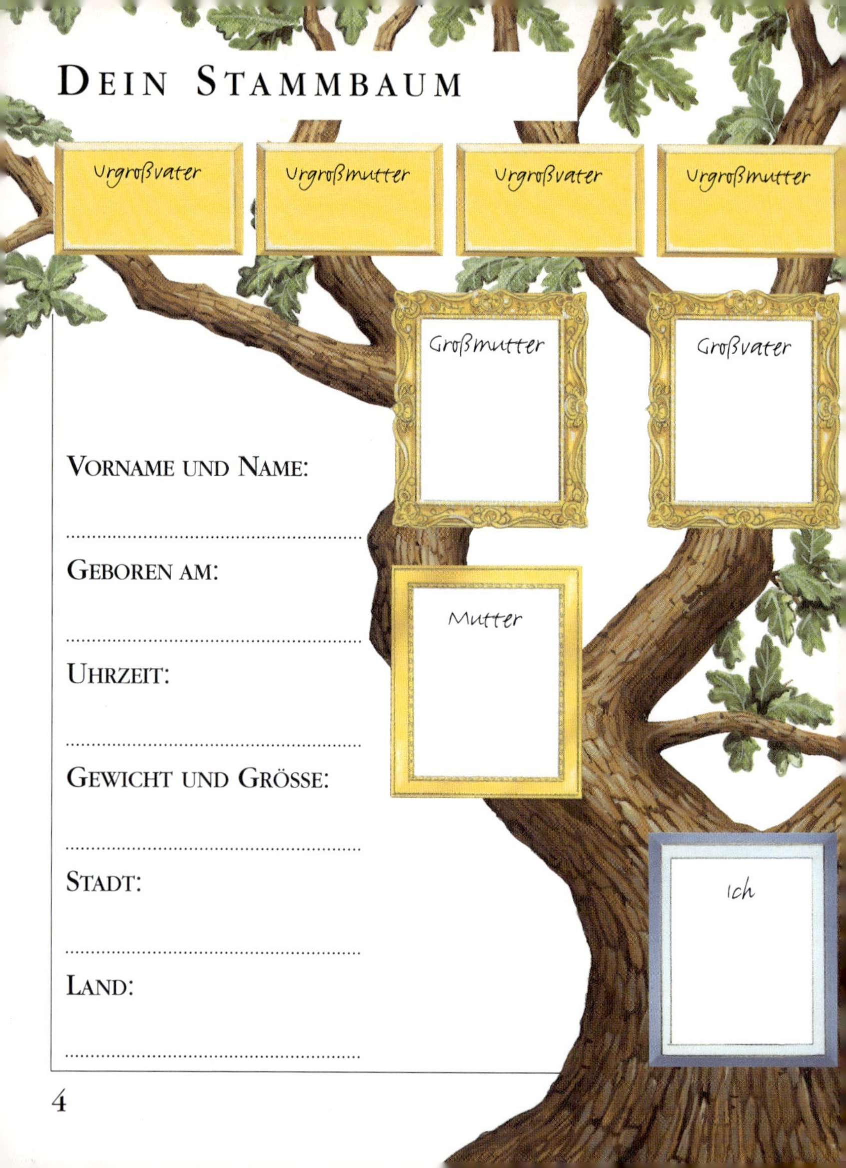

Urgroßvater | Urgroßmutter | Urgroßvater | Urgroßmutter

Großmutter | Großvater

Mutter

VORNAME UND NAME:

....

GEBOREN AM:

....

UHRZEIT:

....

GEWICHT UND GRÖSSE:

....

STADT:

....

LAND:

....

Ich

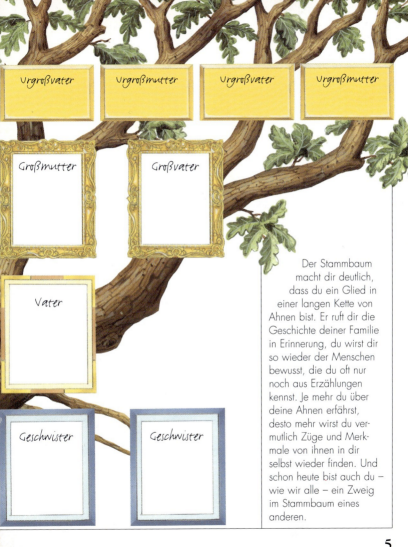

Der Stammbaum macht dir deutlich, dass du ein Glied in einer langen Kette von Ahnen bist. Er ruft dir die Geschichte deiner Familie in Erinnerung, du wirst dir so wieder der Menschen bewusst, die du oft nur noch aus Erzählungen kennst. Je mehr du über deine Ahnen erfährst, desto mehr wirst du vermutlich Züge und Merkmale von ihnen in dir selbst wieder finden. Und schon heute bist auch du – wie wir alle – ein Zweig im Stammbaum eines anderen.

DER KREIS DES KALENDERS

Was wären wir ohne unseren Kalender, in dem wir Geburtstage, Termine und Feiertage notieren? Julius Cäsar führte 46 v. Chr. den Julianischen Kalender ein, der sich allein nach dem Sonnenjahr richtete. Aber Cäsar geriet das Jahr ein wenig zu kurz, und um 1600 musste eine Abweichung von zehn Tagen vom Sonnenjahr konstatiert werden. Der daraufhin von Papst Gregor XII. entwickelte Gregorianische Kalender ist zuverlässiger. Erst nach 3.000 Jahren weicht er um einen Tag ab. In Europa setzte er sich jedoch nur allmählich durch. Russland führte ihn zum Beispiel erst 1918 ein, deshalb gibt es für den Geburtstag Peters des Großen zwei verschiedene Daten.

Die Zyklen von Sonne und Mond sind unterschiedlich. Manche Kulturen folgen in ihrer Zeitrechnung und damit in ihrem Kalender dem Mond, andere der Sonne. Gemeinsam ist allen Kalendern, dass sie uns an die vergehende Zeit erinnern, ohne die es natürlich auch keinen Geburtstag gäbe.

DER KREIS DES KALENDERS

Die Erde dreht sich von West nach Ost innerhalb von 24 Stunden einmal um ihre Achse und umkreist als der dritte von neun Planeten die Sonne. All diese Planeten zusammen bilden unser Sonnensystem. Die Sonne selbst ist ein brennender Ball aus gigantisch heißen Gasen, im Durchmesser mehr als 100-mal größer als die Erde. Doch die Sonne ist nur einer unter aberhundert Millionen Sternen, die unsere Milchstraße bilden; zufällig ist sie der Stern, der unserer Erde am nächsten liegt. Der Mond braucht für eine Erdumrundung etwa 28 Tage, was einem Mondmonat entspricht. Und die Erde wiederum dreht sich in 365 Tagen und sechs Stunden, etwas mehr als einem Jahr, um die Sonne. Das Sonnenjahr teilt sich in zwölf Monate und elf Tage, weshalb einige Monate zum Ausgleich 31 statt 30 Tage haben.

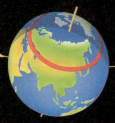

Die Erdhalbkugeln haben konträre Jahreszeiten.

So wirken die Sterne

Die Sonne, der Mond und die Planeten folgen festen Himmelsbahnen, die sie immer wieder an zwölf unveränderten Sternbildern vorbeiführen. Ein vollständiger Umlauf wird in 360 Gradschritte unterteilt. Die Sonne befindet sich etwa einen Monat in jeweils einem dieser Zeichen, was einem Abschnitt von 30 Grad entspricht. Da die meisten dieser Sternkonstellationen von alters her Tiernamen erhielten, wurde dieser regelmäßige Zyklus auch Zodiakus oder Tierkreis genannt.

Schon früh beobachteten die Menschen, dass bestimmte Sterne ganz speziell geformte, unveränderliche Gruppen bilden. Diesen Sternbildern gaben sie Namen aus dem Tierreich oder aus der Mythologie. So entstanden unsere heutigen Tierkreiszeichen, die sich in 4.000 Jahren kaum verändert haben. Die festen Himmelsmarken waren von großem praktischen Wert: Sie dienten den Seefahrern zur Navigation. Zugleich beflügelten sie aber auch die Phantasie. Die Astrologen gingen davon aus, dass die Sterne, zusammen mit dem Mond, unser Leben stark beeinflussen, und nutzten die Tierkreiszeichen zur Deutung von Schicksal und Charakter eines Menschen.

So wirken die Sterne

WIDDER: 21. März bis 20. April

STIER: 21. April bis 20. Mai

ZWILLING: 21. Mai bis 22. Juni

KREBS: 23. Juni bis 22. Juli

LÖWE: 23. Juli bis 23. August

JUNGFRAU: 24. August bis 23. September

WAAGE: 24. September bis 23. Oktober

SKORPION: 24. Oktober bis 22. November

SCHÜTZE: 23. November bis 21. Dezember

STEINBOCK: 22. Dezember bis 20. Januar

WASSERMANN: 21. Januar bis 19. Februar

FISCHE: 20. Februar bis 20. März

Im Zeichen des Mondes

Den Tierkreiszeichen werden jeweils bestimmte Planeten zugeordnet: Dem Steinbock ist der Planet Saturn, dem Wassermann Uranus, den Fischen Neptun, dem Widder Mars, dem Stier Venus und dem Zwilling Merkur zugeordnet; der Planet des Krebses ist der Mond, für den Löwen ist es die Sonne. Manche Planeten sind auch mehreren Tierkreiszeichen zugeordnet. So ist der Planet der Jungfrau wie der des Zwillings Merkur. Der Planet der Waage ist wie bereits beim Stier Venus. Die Tierkreiszeichen Skorpion und Schütze haben in Pluto und Jupiter ihren jeweiligen Planeten.

D er Mond wandert in etwa einem Monat durch alle zwölf Tierkreiszeichen. Das heißt, dass er sich in jedem Zeichen zwei bis drei Tage aufhält. Er gibt dadurch den Tagen eine besondere Färbung, die du als Zwilling anders empfindest als andere Sternzeichen.

In welchem Zeichen der Mond heute steht, erfährst du aus jedem gängigen Mondkalender. An einem **Widder**-Tag sollte man Diskussionen mit dem Zwilling eher aus dem Weg gehen: Er redet jeden in Grund und Boden. Steht der Mond im **Stier**, hat der Zwilling die besten Ideen, wie er aus seinem großen Wissen Kapital schlagen kann.

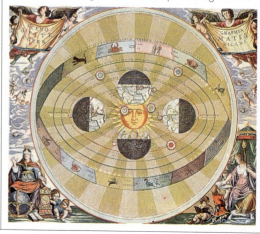

Der Mond im **Zwilling** kann zu heftigsten inneren Kämpfen führen: Wofür soll sich der Zwilling denn bloß entscheiden? Wenn Zwillinge, die es ständig in die große weite Welt treibt, ein Familientreffen anberaumen, steht der Mond im **Krebs**. Steht er im **Löwen**, dann schafft es der Zwilling, aus einer ganz kleinen Sache die größte Geschichte seines Lebens zu basteln. Versuche nie, einem Zwilling an einem **Jungfrau**-Tag ein X für ein U vorzumachen! An **Waage**-Tagen sind dem Zwilling sogar Liebeserklärungen zu entlocken. Steht der Mond im **Skorpion**, dann setzt der Zwilling schon mal seine Macht und nicht nur seinen Charme ein. Ist eine große Geste angesagt, so sollte der Zwilling dafür einen **Schütze**-Tag wählen. An diesem Tag kann er idealistisch statt realistisch sein. Ein **Steinbock**-Tag ist ideal für einen Zwilling, um sich mit seinen Rechnungen auseinander zu setzen, ohne sofort zu verzweifeln. Wenn der Mond im **Wassermann** steht, dann holt sich der Zwilling gerne blaue Flecken, weil er mal wieder drei Dinge zugleich erledigen will. Der Mond im **Fisch** verleiht dem Zwilling sehr viel Phantasie, Sensibilität und Intuition, zumindest wenn alle seine Kanäle auf Empfang geschaltet sind.

Unser Sonnensystem mit den neun Planeten

ERKENNE DICH SELBST

Zwillinge hassen Langeweile. Bewegung und Veränderungen sind lebenswichtig für sie. Sie lieben Schwierigkeiten, weil diese meist Abenteuer bedeuten, und laufen vor allem dann zu Hochform auf, wenn sie zu einer Gruppe gehören. Gleichzeitig brauchen sie

Kastor und Pollux waren die Kinder von Leda und dem Gott Zeus; in ihren Persönlichkeiten spiegelt sich die Dualität von Zwillingen wider. Der beherrschende Planet der

ZWILLINGE

Zwillinge ist Merkur, der in der griechischen und römischen Mythologie der geflügelte Götterbote war. Jedes Tierkreiszeichen wird in drei Dekaden mit jeweils eigenen Charakteristika eingeteilt. Die erste Zwillingsdekade reicht vom 21.5. bis 1.6., die zweite vom 2.6. bis 11.6. und die dritte vom 12.6. bis 22.6. Allen Zwillingen ist gemeinsam, dass sie sehr neugierig und meistens interessierte und einfühlsame Gesprächspartner sind.

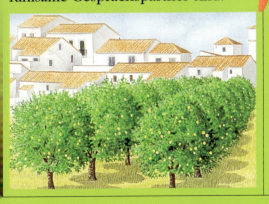

aber sehr viel Freiraum. Sie können hervorragend mit Worten umgehen, ihre Spontaneität und ihr natürlicher Humor wirken sehr ansteckend. Mit Zwillingen langweilt man sich daher nie. Natürlich haben sie aber auch ihre negativen Seiten: Es fehlt ihnen oft an Konzentrationsfähigkeit und Ausdauer, und sie neigen dazu, sich zu verzetteln. Den einzelnen Tierkreiszeichen sind bestimmte Dinge zugeordnet, die als ihre Glücksbringer gelten. So ist die Farbe der Zwillinge Anisgrün, ihre Edelsteine sind der Achat und der Goldtopas, ihre Tiere der Papagei und der Affe, ihre Pflanze ist der Wiesenkerbel, ihr Baum der Holunder. Als Glückstag der Zwillinge gilt der Mittwoch.

Menschen deiner Dekade

Mit der zweiten Dekade der Zwillinge wird in der Astrologie traditionell das Sternbild Sirius, der Hundsstern, in Verbindung gebracht. Die in diesem Zeitraum Geborenen sind durchwegs kreative Diplomaten – aber Vorsicht, sie können beißen!

Den Anfang dieser Dekade machen gleich drei große Persönlichkeiten der Geschichte: Der italienische Dichter **Dante Alighieri** (5. Juni 1265) schilderte in seinem Hauptwerk, der »Göttlichen Komödie«, das Paradies und die Hölle; der französische Maler **Paul Gauguin** (7. Juni 1848) ebnete mit seiner großflächigen Malweise dem Expressionismus den Weg, und **Diego Velázquez** (6. Juni 1599, Abb. o.) durfte als einziger Maler in Spanien König Philipp IV. porträtieren. Natürlich brachte diese Dekade auch bemerkenswerte Frauengestalten hervor: So zum Beispiel die in Amerika geborene Sängerin und Tänzerin **Josephine Baker** (3. Juni 1906), die nicht nur Paris mit ihrem Tanz auf einem Spiegel, bei dem sie nur mit einem Bananenröckchen bekleidet war, im Sturm eroberte, und die Französin **Marie-Antoine Carème** (8. Juni 1784), deren Küche für ihre Raffinesse berühmt

war und die mit ihren kulinarischen Kreationen die europäischen Königshäuser verwöhnte.
In der Welt des Sports finden wir **Björn Borg** (6. Juni 1956, Abb. o.), der für seine stoische Ruhe auf dem Tennisplatz be-

Menschen deiner Dekade

kannt war und als erster Spieler fünfmal hintereinander in Wimbledon als Sieger den Platz verließ. Aber auch ein Wissenschaftler, nämlich der Brite **Francis Crick** (8. Juni 1916), dem es als Erstem gelang, eines der großen Geheimnisse der Natur zu entschlüsseln, ist an dieser Stelle zu nennen: Zusammen mit seinen beiden Partnern konnte er die Molekularstruktur der DNS bestimmen. **Allen Ginsberg** (3. Juni 1926, Abb. o.), einer der führenden Vertreter der Beatgeneration, gab dieser mit seinem Gedicht »Das Geheul« entscheidende Impulse.
Der Rockmusiker **Prince** (7. Juni 1958), um den es inzwischen ruhiger geworden ist, machte vor allem in den achtziger Jahren als rüder Rebell mit viel Sexappeal Furore.
Aufsehen erregte auch der mexikanische Revolutionär und Volksheld **Pancho Villa** (5. Juni 1878, Abb. re. u.).
Die Glitzerwelt des Films repräsentieren vor allem **Michael J. Fox** (9. Juni 1961), der jugendliche Held aus der Trilogie »Zurück in die Zukunft«, **Tony Curtis** (3. Juni 1925), der nicht nur in der Filmkomödie »Manche mögen's heiß« die Frauen betörte, sowie **Judy Garland** (10. Juni 1922), die für ihre Rolle als Dorothy in »Das zauberhafte Land« einen Sonder-Oscar erhielt.

Am 8. Juni 1810 wurde der berühmte deutsche Komponist und Pianist Robert Schumann als Sohn eines Buchhändlers und Verlegers in Zwickau geboren. Schumann erlernte bereits mit acht Jahren bei einem Organisten das Klavierspielen. Als er seine ersten Kompositionen schrieb, ging er noch zur Schule. 1826, zwei Jahre nach dem Tod seines Vaters, begann er in Leipzig ein Jurastudium.

Ein Aussergewöhnlicher Mensch

Schumann vernachlässigte jedoch sein Studium und nahm lieber Musikunterricht bei Friedrich Wieck. Dabei lernte er dessen Tochter Clara kennen, eine hervorragende Pianistin. 1830 veröffentlichte er seine ersten Werke (*ABEGG-Variationen* und die *Papillons*). 1832 wurde seine angehende Karriere als Pianist dann durch eine Fingerlähmung jäh abgebrochen – er hatte mit einem selbst entwickelten mechanischen Gerät zu intensiv geübt. 1840 heirateten Robert und Wiecks Tochter am Tag vor Claras Volljährigkeit gegen den Willen ihres Vaters. Sie bekamen acht Kinder. Im Jahr 1854 stürzte sich Schumann, der an einem Gehirnleiden litt, in den Rhein. Er wurde gerettet und auf eigenen Wunsch in eine Heilanstalt gebracht, wo er am 29. Juli 1856 starb. Der Romantiker Robert Schumann hinterließ der Nachwelt eine Fülle unterschiedlicher Kompositionen: Sinfonien, Opern, Kammermusik, Choralwerke, Cello- und Klavierkonzerte (besonders bekannt ist das erste, *Op. 54*). Weitere Höhepunkte seines Schaffens sind Lieder und Klavierstücke wie *Carnaval*, *Davidsbündlertänze*, *Kinderszenen*, *Kreisleriana* und *Fantasiestücke Op. 12*.

An diesem ganz besonderen Tag

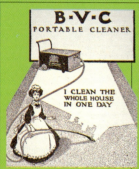

Am 8. Juni 1869 ließ sich John S. Thurman aus St. Louis den **ersten Staubsauger** patentieren. Der »pneumatische Teppicherneuerer« erwies sich bald als einer der wichtigsten Helfer im Haushalt.

Heute im Jahr 1867 wurde der österreichische Kaiser **Franz Joseph I.** in Budapest zum König von Ungarn gekrönt – was sich gut anhört, tatsächlich aber die Macht des neoabsolutistischen Herrschers schmälerte. Durch den erzwungenen Ausgleich nach der Niederlage Österreichs im Krieg gegen Preußen (1866) wurde Ungarn ein selbstständiges Königreich mit eigenem Reichstag und das österreichische Kaisertum in die Doppelmonarchie Österreich-Ungarn umgewandelt.

Am 8. Juni 1928 unternahm der unerschrockene Charles Kingsford-Smith den **ersten Flug über den Pazifik**, und zwar von Kalifornien über Honolulu und Fidschi nach Bris-

8. Juni

bane (Australien). 1932 wurde Kingsford-Smith geadelt, zwei Jahre darauf verschwand er bei dem Versuch, einen neuen Rekord für Flüge von England nach Australien aufzustellen, über dem Indischen Ozean.

Heute im Jahr 1943 wurden die beiden britischen Bergsteiger **George Mallory** und **Andrew Irvine** (Abb. o.) auf dem Mount Everest als vermisst gemeldet. Ihre Leichen wurden nie gefunden. Mallory hatte auf die Frage, warum er den Mount Everest besteigen wolle, geantwortet: »Weil er da ist!«

Am 8. Juni 1968 wurde US-Senator **Robert F. Kennedy**, der jüngere Bruder des 1963 ermordeten John F. Kennedy, beigesetzt. Er war zwei Tage zuvor bei einer Rede im Präsidentschaftswahlkampf von mehreren Schüssen getroffen worden. Wie nach dem Attentat auf seinen älteren Bruder wurde ein einzelner – Sirhan Bishara – für die Tat verurteilt, und wieder gab es Gerüchte und Vermutungen über weitere Beteiligte: Zehn Kugeln waren insgesamt gefunden worden, Sirhan hatte aber nur achtmal geschossen.

Nach dem westlichen Kalender starb der **Prophet Mohammed**, Stifter des

Islams, am 8. Juni 632 n. Chr. in Medina, wohin er 622 ausgewandert war. Dem islamischen Glauben zufolge wurde Mohammed von Erzengel Gabriel in den Himmel geleitet. Die Offenbarungen, die Mohammed von Allah erhalten haben soll, sind im Koran niedergeschrieben.

8. Juni

Im 7. und 8. Jahrhundert lebten sieben finno-ugrische Stämme, die Magyaren, im Wolgagebiet. Dieses stand damals unter der Vorherrschaft der Chasaren, eines halbnomadischen Turkstammes. Obwohl sie selbst chasarischer Abstammung waren, fühlten sich die Führer der sieben Magyarenstämme den Chasaren nicht verbunden. Im 9. Jahrhundert schüttelten sie deren Herrschaft deshalb endgültig ab. Das gefiel den Chasaren natürlich nicht, und so brachten sie einen türkischen Nomadenstamm – die Petschenegen – dazu, die Abtrünnigen anzugreifen. In einer furchtbaren Schlacht wurden die Magyaren 889 besiegt, und sie mussten ihre Heimat verlassen. Vor ihrem Aufbruch hielten sie eine Versammlung ab und wählten den Fürstensohn Árpád, der sich auf dem Schlachtfeld bereits ausgezeichnet hatte, zu ihrem Führer. 896 führte er die vereinigten Magyarenstämme über die Karpaten in die Pannonische Ebene. Zwei Jahre später ließen sie sich end-

Ein Tag, den keiner vergisst

Am 8. Juni 1898 war ganz Ungarn in Festtagsstimmung: Das Land feierte seinen 1000. Geburtstag. Im Jahr 889 waren sieben magyarische Volksstämme – die Vorfahren von rund 98 Prozent der heutigen ungarischen Bevölkerung – von den Petschenegen angegriffen und aus ihrer Heimat vertrieben worden. So war das ganze Volk aufgebrochen und unter der Führung von Fürst Árpád über die Karpaten in Pannonien eingefallen. Am 8. Juni des Jahres 898 hatten die Stämme das Donau-Tiefland erreicht und beschlossen, sich dort anzusiedeln.

gültig im Gebiet des heutigen Ungarn nieder. Im Jahr 1001 wurde Stefan I., der Heilige (Abb. o. und li.), zum ersten ungarischen König gekrönt.

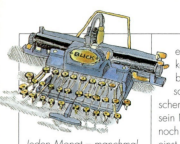

Jeden Monat – manchmal sogar jeden Tag – werden große und kleine Dinge erfunden, die unser tägliches Leben verändern. Auch der Monat Juni bildet da keine Ausnahme.

So erhielt am 23. Juni 1867 Christopher Latham Sholes das Patent für die erste funktionstüchtige **Schreibmaschine** der Welt. Nach insgesamt 52 Versuchen der verschiedensten Erfinder war ihm das Glück beschieden, dass sein Gerät auch wirklich funktionierte. Eine andere wichtige Erfindung ließ sich der Ungar Ladislaus Biro am 10. Juni des Jahres 1943 patentieren: Er hatte den **Kugelschreiber** entwickelt. Biro verkaufte dieses Patent bald an einen Geschäftsmann, im englischen Sprachraum steht sein Nachname aber noch heute für jenes einst revolutionäre Schreibgerät.

Der erste **Flug eines Warmluftballons** fand am 5. Juni des Jahres 1783 statt, als die Brüder Montgolfier ihren unbemannten »Feuerballon« vorführten. Drei Monate später, am 19. September, ließen die Brüder die ersten Ballonfahrer über dem königlichen Schloss in Versailles aufsteigen. In der Gondel unter dem riesigen himmelblauen und mit Lilien geschmückten Ballon aus Leinwand befanden sich eine Ente, ein Hahn und ein Schaf namens Montauciel (was wörtlich »der in den Himmel hinaufsteigt« bedeutet). Ungefähr 100.000 Menschen wurden Zeugen dieses geschichtsträchtigen Ereignisses.

ENTDECKT & ERFUNDEN

Der Name des großen amerikanischen Staatsmannes und Erfinders Benjamin Franklin wurde noch bekannter, nachdem er am 11. Juni 1742 seine neueste Erfindung – den landesweit ersten wirklich tauglichen **Küchenherd** – vorgeführt hatte.

Am 27. Juni 1859 komponierte Mildred Hill, eine Lehrerin aus dem US-Bundesstaat Kentucky, die Melodie des Liedes **Happy Birthday to You**. Sie nannte ihr Lied zunächst »Good Morning to All«, doch ihre Schwester Patty schrieb einen neuen Text, der dieses Lied zum wohl berühmtesten Geburtstagslied der Welt machte.

Dieser Monat bietet noch weitere interessante Erfindungen: So wurde am 4. Juni 1789 in der Londoner Fleet Street die erste **Feuerwehrleiter** vorgeführt und am 1. Juni 1880 in New Haven im US-Bundesstaat Connecticut die erste **Telefonzelle** aufgestellt, nachdem dort

zwei Jahre zuvor George Coy die erste Fernsprechstelle eingerichtet hatte. Auch der **Stacheldraht** wurde in diesem Monat, am 25. Juni 1867, von B. Smith aus Ohio zum Patent angemeldet.

Im Rhythmus der Natur

Zweimal im Jahr machen sich die Schwalben auf ihre weite Reise: Im Herbst fliegen sie in den warmen Süden Afrikas, um im Frühling den langen Weg zurück nach Europa anzutreten. Schwalben haben einen langen, gegabelten Schwanz und sehr große Flügel. Sie sind hervorragende Flugkünstler. Ihr Federkleid ist blau- bis schwarzglänzend.

Die Obstbäume blühen, der Frühling steht vor der Tür – eine Zeit des kraftvollen Neubeginns in der Natur. Die Rückkehr der Schwalbe gilt weltweit als sicherster Vorbote wärmeren Wetters.

FRÜHLING

Die japanische Zierkirsche gehört inzwischen auch in unseren Breiten zum Bild des Frühlings. Der Baum stammt ursprünglich aus China und spielt dort als Symbol nationaler Identität eine wichtige Rolle. Auch als Bildmotiv ist der Baum allgegenwärtig, so zum Beispiel auf der oben abgebildeten Spielkarte.

Im Frühling fliegen die Bienen und andere Insekten von Blüte zu Blüte, saugen deren Nektar ein und bestäuben sie. Es ist die Zeit der Fortpflanzung im Tierreich. Manche Vögel legen Tausende von Kilometern zurück, um ihren Partner zu finden. Im März machen sich die Weibchen der Spermwale auf den langen Weg von den arktischen Meeren bis nach Sri Lanka, um auf die Männchen ihrer Art zu treffen. Seehundweibchen wiederum zieht es in dieser Jahreszeit von Grönland an die Küsten Kanadas, um dort an Land ihre Jungen zur Welt zu bringen, die dann leider allzu häufig als Beute von Felljägern enden.

So feiert die Welt

Die Sonnwendfeier ist ein traditionelles Fest, das heute anlässlich der Mitte des christlichen Kalenders und der Geburt Johannes des Täufers in vielen westlichen Ländern in der Nacht auf den 24. Juni begangen wird. Dabei spielen Feuer, die so genannten Johannisfeuer, die vor allem im Südosten Deutschlands, in Österreich und in Skandinavien entzündet werden, eine wichtige Rolle. In Form von Freudenfeuern, über die die Menschen hinüberspringen, oder Fackelumzügen sowie Feuerreifen, die Berghänge hinabrollen, wird vielerorts dieses Mittsommerfest begangen (Abb. li. o. und u.). Die nordamerikanischen Hopi-Indianer basteln am 21. Juni kleine Puppen, so genannte Kachinas (Abb. o.), die die Geister repräsentieren. Diese werden vergraben und sechs Monate später, am 21. Dezember, wieder ausgegraben. Am 14. Juni wird, wiederum in den Vereinigten Staaten, der »Flag Day« (Flaggentag) begangen. Die Häuser und Straßen werden dabei unter anderem mit Figuren von Uncle Sam (Abb. re.) geschmückt, um der allerersten amerikanischen Flagge zu gedenken, die 1777, ebenfalls am 14. Juni, angefertigt wurde.
Das Pfingstfest, das am 50. Tag nach Ostern, also in der Zeit zwischen dem 9. Mai und Mitte Juni gefeiert wird, hat seine Wurzeln im Christentum. Es soll an den Tag erinnern, an dem der Heilige Geist über die in Jerusalem versammelten Apostel kam. Für die Juden ist dieser Tag ein Erntefest, das 50 Tage nach ihrem Passahfest stattfindet.
Am zweiten Donnerstag nach Pfingsten folgt das katholische Fronleichnamsfest, mit dem die eucharistische Verwandlung des Leibes Christi gefeiert wird. Das »Hochfest des Leibes und Blutes Christi« ist meist mit einer Prozession verbunden. In Mexiko finden dann Umzüge statt, die von Musikkapellen begleitet werden.
In Südkorea werden in diesem Monat beim Tano-

FESTE IM JUNI

Fest Wettkämpfe für die Mädchen abgehalten: Sie müssen eine Glocke anschlagen, die hoch über dem Boden hängt. Diejenigen, denen dies gelingt, erhalten als Preis etwas für ihre »Mitgift«. In Indien wollen beim Ganga-Dussehra-Fest möglichst alle Hindus ein Bad im heiligen Fluss Ganges nehmen. Der Legende nach kam zu dieser Zeit einmal die Göttin Ganga in Gestalt eines Flusses auf die Erde, um die Seelen von 60.000 Königssöhnen zu retten.

Die Idee für den Tag

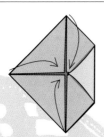

❶ Serviette falten

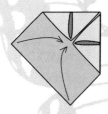

❷ Rückseite falten

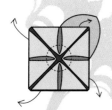

❸ Spitzen herausziehen

Material:

Quadratische Papier- oder Stoffserviette, Wasserglas

1. Serviette falten

Die quadratische Serviette flach hinlegen. Die vier Ecken der Serviette eine nach der anderen zum Mittelpunkt legen. Die Ränder vorsichtig glattstreichen. Den Faltvorgang mit den neu gebildeten Ecken wiederholen.

2. Rückseite falten

Die gefaltete Serviette umdrehen. Die vier Ecken erneut zur Mitte legen und die Ränder glattstreichen.

3. Spitzen herausziehen

Das Wasserglas zur Fixierung auf den Mittelpunkt der Serviette stellen. Unter die Ecken fassen und die untenliegenden vier Spitzen vom Mittelpunkt heraus leicht nach oben ziehen. Danach unter die Seitenkanten der Serviette fassen und die übrigen vier Serviettenspitzen vom Mittelpunkt heraus nach oben ziehen. Zum Schluss das Glas wegnehmen.

SERVIETTE

Im Juni

Es ist Juni und ist gut.
Mütter singen Kinderreime,
Und der Sommer singt im Blut.

Kinder knicksen tief und froh,
Rutschen in der goldnen Kutschen
Eins, zwei, drei nach Nirgendwo.

Drüben an dem runden Saum
Blüht ein kleiner Apfelbaum.

Albrecht Goes